体重を減らすジュースレシピ 50:

10日以内に痩せる方法

ジョセフ　コレア著

Joseph Correa

公認スポーツ栄養士

著作権

© 2016 Finibi Inc

無断複写・転載を禁じます。

1976年米国著作権法の107項、もしくは108項で許可されている範囲外での、本書の無断複写、転載は違法です。

この刊行物は、主題内容に関して、正確で信頼できる情報を提供するよう意図されています。

著者も発行者も、医療アドバイスは提供はしていないという理解の上で、本書は販売されています。もし医療アドバイスやアシスタントが必要な場合は、医師にご相談下さい。

本書はガイドであり、あなたの健康を損なう方法で使用されるべきではありません。栄養プランを始める前に、医師に相談し、そのプランがあなたに合ったものかご確認下さい。

著者からの挨拶

家族からの動機づけと協力なしには、本書の実現と成功はなかったでしょう。

体重を減らすジュースレシピ 50:

10 日以内に痩せる方法

ジョセフ　コレア著

Joseph Correa

公認スポーツ栄養士

目次

著作権

著者からの挨拶

著者について

はじめに

体重を減らすジュースレシピ 50：10 日以内に痩せる方法

著者によるその他の作品

著者について

公認スポーツ栄養士として、適切な栄養取得が、身体や精神にポジティブに影響することを心から信じています。何年にもおいて私が健康でいられるのは、私の知識や経験のおかげで、家族や友達にもそれらの知識や経験を共用しています。健康な食事や水分の摂り方を知れば知るほど、自分の食生活や人生をより早く改善したいと思うでしょう。

栄養素は健康で長生きする為の鍵となります。さぁ今日から始めましょう。

はじめに

「体重を減らすジュースレシピ50」は、体重を自然に効率的に減らすお手伝いをします。ここに紹介するレシピは食事に取って代わるものではなく、あなたの日々の食生活を補足するものです。

忙しすぎて正しい食事が摂れないという問題を抱えることがありますが、だからこそ、この本は時間を節約しながら、到達したい目標を達成できるよう体に栄養素を与えることを可能にするのです。

この本によって：

―早く体重を減らせる

―体脂肪を減らせる

―エネルギーが増える

―自然に新陳代謝を促進し、細くなれる

―消化システムを改善できる

ジョセフ　コレアは公認スポーツ栄養士であり、プロのスポーツ選手です。

体重を減らすジュースレシピ 50

1. リンゴ ミックス ジュース

このジュースは運動の前か、ディナーのあとに飲むのに最適です。そして、体重を減らすのにとても良い方法です。何故でしょう？ リンゴはカロリーが低く、食物繊維が長時間お腹を満足させ、胃を大きくするので、少ないカロリーでお腹がいっぱいになります。キュウリ ジュースは水分が豊富に含まれ、体重を減らすには水分が重要です。最近の研究では、余分な水分をとる成人は、余分な水分を取らない成人に比べて 4 パウンドも体重を減らすことができたといいます。

- リンゴ: 神経的な健康を改善します。

- キュウリ: 減量と消化の助けになります。

- レモン: 間接と膝の炎症と痛みを和らげる働きをします。

- オレンジ: 高血圧を抑制します。

- バナナ: 記憶力を良くし、気分を高揚させる効果があります。

材料:

- リンゴ – 中 1 個 162g

- キュウリ - 1 本 301g

- レモン - 1/2 個 25g

- オレンジ – 大 1 個 154g

- バナナ - 中 1 本 150 g

作り方：

· 全ての材料を水洗いします。

· それぞれからよく果汁を絞り、新鮮なジュースをすぐいただきます。

総カロリー: 280

ビタミン: ビタミン A 27µg, ビタミン C 101.2mg, カルシウム 108mg, ビタミン B-6 0.328mg, ビタミン E 1.54mg, ビタミン K 49.7µg

ミネラル: 銅 0.418mg, マグネシウム 52mg, リン 137mg, セレニウム 2.1µg, 亜鉛 1.07mg

2. フルーツマニアジュース

この美味しいだけでなく、体重を早く減らすことを可能にし、また身体をきれいにしてくれる**ジュース**をお試し下さい。**赤唐辛子のような食材は、新陳代謝を上昇させ、マンゴー**（インドのフルーツ）は、栄養が豊富で、ベータカロチンとビタミン C の宝庫です。より多くの栄養素をとることにより、1 回の食事量を減らすことができます。拠って、このジュースを 1 日の食事プランに加えるようにしましょう。

- リンゴ: 遊離基のダメージから身体を守ります。
- 赤唐辛子: 抗がん作用があるといわれます。
- マンゴー: 消化システムを改善します。
- オレンジ: 身体をアルカリ化します。
- バナナ: 血圧を下げます。

材料:

- リンゴ – 大 1 個 213g
- 赤唐辛子 (スパイス) - 1 つまみ 0.11g
- 皮なしマンゴー - 1 個 316g

- 皮なしオレンジ- 大 1 個 154g
- 皮なしバナナ– 中 1 本 150 g

作り方：

- 全ての材料を水洗いします。
- それぞれからよく果汁を絞り、新鮮なジュースをすぐいただきます。

総カロリー: 265

ビタミン: ビタミン A 128μg, ビタミン C 122.1mg, ビタミン B-6 0.409mg, ビタミン E 2.38mg, ビタミン K 12.1μg, カルシウム 68mg, 鉄分 0.72mg

ミネラル: 銅 0.319mg, マグネシウム 41mg, リン 68mg, セレニウム 1.9μg, 亜鉛 0.31mg

3. リンゴ マジックジュース

このジュースは美味しいだけでなく、あなたのライフスタイルを改善し、減量を促進してくれます。人参は、食物繊維が含まれるため、脂肪を燃焼させ、半分以上は水溶性繊維カルシウムペクチンです。これらは、胆汁酸を減らし、血中コレステロールを下げる働きをします。最終的に、胆汁酸をより多く作るため、血流よりコレステロールが放出され、この作用によりコレステロール値が下がります。また、余分な水分を体内から除く働きもします。このジュースを楽しみ、毎日の日課にしましょう。ポジティブな結果をもたらしてくれます。

- **リンゴ**:認知症を防ぎます。
- **人参**:脳卒中を防ぎます。
- **生姜**:心拍数を管理します。
- **レモン**:病原菌の成長と繁殖を防ぎます。
- **マンゴー**:糖尿病に効果を表します。

材料:

- リンゴ – 中 1 個 180g

- 人参 – 中2本 112g
- 生姜 - 1/2房 10g
- 皮なしレモン - 1/2個 25g
- 皮なしマンゴー – 1/2個 70g

作り方：

- 全ての材料を水洗いします。
- それぞれからよく果汁を絞り、新鮮なジュースをすぐいただきます。

総カロリー: 161

ビタミン: ビタミン A 521µg, ビタミン C 17.9mg, カルシウム 30mg, 鉄分 0.53mg, ビタミン B-6 0.212mg, ビタミン E 1.02mg, ビタミン K 12.9µg

ミネラル: 銅 0.114mg, マグネシウム 21mg, リン 54mg, セレニウム 0.1µg, 亜鉛 0.25mg

4. 減量加速 ジュース

このジュースはシンプルですが、減量にはとても効果的です。キャベツは本来もっと摂取するべき野菜です。ビタミン C が豊富で、食物繊維の宝庫でもあります。**洋ナシもまた、食物繊維の宝庫です。**研究によると、1 日に 3 個以上の洋ナシを食べると、全体的に 1 日の摂取カロリーが少なくすみ、体重を減らすことができます。また洋ナシには、豊富な果糖とブドウ糖が含まれています；これらは、自然なエネルギー源となります。洋ナシはホウ素を含み、これにより身体にカルシウムを維持することができる為、身体を健康に保ってくれます。あなたにも家族にも、お勧めのレシピです。

- **リンゴ**: 糖尿病のリスクを減らします。

- **キャベツ**: 血圧を下げます。

- **レモン**: 風邪を治します。

- **洋ナシ**: 癌を予防します。

材料:

- **リンゴ**- 中 1 個 180 g

- 赤キャベツ-葉 3 枚 72g
- 皮つきレモン-½個 27g
- 洋ナシ – 中 2 個 346g

作り方:

- 全ての材料を水洗いします。
- それぞれからよく果汁を絞り、新鮮なジュースをすぐいただきます。

総カロリー: 205

ビタミン: ビタミン A 29µg, ビタミン C 48.1mg, チアミン 0.059mg, ビタミン B-6 0.213mg, ビタミン E 0.3mg, ビタミン K 33.6µg, カルシウム 52mg

ミネラル: 銅 0.203mg, マグネシウム 27mg, リン 50mg, セレニウム 0.6µg, 亜鉛 0.3mg

5. スーパーほうれん草ジュース

ほうれん草は、消化器官にとって、良い食物繊維源です。消化官に時間を経て溜まった不要物を取り除く洗浄作用があります。便秘薬のような作用のおかげで、消化官の機能も改善してくれます。**レモンはリンゴ同様、コレステロールを減らすので、体重を減らすのにとても良い栄養素を含んでいます。**いつでも楽しめる美味しい**ジュース**です。

- **セロリ**: 気持ちをおちつかせます。
- **レモン**: 消化液の分泌の手助けをします。
- **洋ナシ**: 免疫システムを作り上げる手助けをします。
- **オレンジ**: 高血圧を調整します。
- **ほうれん草**: 肌と髪を健康に保ちます。
- **リンゴ**: 悪玉コレステロールを下げます。

材料:

- セロリ – 大 3 本, 206g
- 皮なしレモン – ½ 個 25g

- 洋ナシ - 中 1 個 170g
- 皮なしオレンジ – 大 1 個 180g
- ほうれん草 – 4 つかみ 100g
- リンゴ – 中 2 個 350g

作り方：

- 全ての材料を水洗いします。
- それぞれからよく果汁を絞り、新鮮なジュースをすぐいただきます。

総カロリー: 243

ビタミン: ビタミン A 406µg, ビタミン C 107.2mg, カルシウム 219mg, 鉄分 3.16mg, コリン 45.9mg, ビタミン B-6 0.56mg, ビタミン K 413.5µg

ミネラル: 銅 0.253mg, マグネシウム 114mg, リン 121mg, セレニウム 1.3µg, 亜鉛 0.67mg

6.　ワンダフルフレッシュジュース

もし減量があなたの目標なら、このジュースのレシピを試して下さい。正しい方向へ導いてくれるはずです。ビートは血液をきれいにし、胆嚢と肝臓を強化します。**人参は肝臓をきれいにし、胆汁の分泌を促すと同時に、免疫力を向上させ、身体を健康にします。人参は癌のリスクを減らすと知られているベータカロチンも含んでいます。**このジュースに含まれる栄養素はたくさんの食物繊維を提供し、カロリーも少なく済むため、必要であれば、食事の代わりにもなります。美味しいジュースなので、毎日の生活に取り入れるとよいでしょう。

- **ビート**: 解毒作用があります。
- **バナナ**: 白血病のリスクを減らします。
- **人参**: 視覚をよくします。
- **ピーマン**: 頭痛を予防します。

材料:

- ビート - 1/2 個 40g
- バナナ – 中 1 本 150g

- 人参 –大 3 本 206g
- 赤ピーマン- 中 1/2 個 54g

作り方：

- 全ての材料を水洗いします。
- それぞれからよく果汁を絞り、新鮮なジュースをすぐいただきます。

総カロリー: 85

ビタミン: ビタミン A 1128μg, ビタミン C 59.5mg, カルシウム 51mg, コリン 13.4mg, 葉酸 61μg, ビタミン B-6 0.319mg, ビタミン E 1.27mg

ミネラル: 銅 0.047mg, マグネシウム 25mg, リン 65mg, セレニウム 0.3μg, 亜鉛 0.46mg

7.　命の泉

このジュースはヘルシーで食欲がわくだけでなく、体重を減らすことができるジュースです。ビートは肝臓をきれいにするので、肝臓が効率よく脂肪を代謝することができます。人参にも解毒作用があるので、加えて肝臓の機能を上げます。また、人参は体内にある余分な水分を除去する効果もあります。**オレンジは1個59カロリーほどあります；脂質ゼロで食物繊維が高く含まれます。** よって、体重を減らすのにもってこいです。このジュースを飲むことで、良い結果以外得られません。

- **リンゴ**: 有効な自然の抗酸化物質です。

- **ビート**: 炎症と闘います。

- **人参**: 肺がんのリスクを減らします。

- **パセリ**: 血液をきれいにします。

- **オレンジ**: 良い炭水化物が含まれます。

材料:

- リンゴ – 中1個 180g

- ビート - 1/2個 40g

- 人参 – 中 3 本 170g
- パセリ - 1 つかみ 40g
- 皮なしオレンジ – 中 1 個 140 g

作り方：

- 全ての材料を水洗いします。
- それぞれからよく果汁を絞り、新鮮なジュースをすぐいただきます。

総カロリー: 110

ビタミン: ビタミン A 1012µg, ビタミン C 34.8mg, カルシウム 109mg, 鉄分 2.38mg, ビタミン B-6 0.14mg, ビタミン E 1.24mg, ビタミン K 305.2µg

ミネラル: 銅 0.127mg, マグネシウム 32mg, リン 88mg, セレニウム 0.4µg, 亜鉛 0.67m

8. バナナ マックス ジュース

この美味しいジュースがあなたの要求を満たすかみてみましょう。ジュースの素晴らしいところは、必要な栄養素を全て満たすことができることです。ジュースにより、食べる量が少なくなり、ジャンクフードを食べたい気持ちも減ります。**セロリ**は豊富な**カルシウム**が含まれ、高血圧を抑制します。忘れないでおきたいのは、生姜が脂っこい食べ物の消化を助け、飲み物にレモン ジュースを加えることは、減量を促進します。このジュースを飲みたいときいつでも楽しんで下さい。手軽にスナックにとって代わります。

- **バナナ**: 心臓の健康をサポートします。

- **キャベツ**: 身だしなみを整えるミネラル、硫黄が豊富です。

- **セロリ**: 良い塩分が含まれます。

- **サイダービネガー**: バクテリアを含む病原菌を殺します。

- **生姜**: 血圧を管理します。

- **葡萄**: 癌のリスクを減らします。

材料:

- 皮なしバナナ – 中 1 本 150g
- 赤キャベツ – 中 ¼ 玉, 201 g
- セロリ – 2 本, 142g
- サイダービネガー(リンゴ) – 大さじ 1 杯 14.9g
- 生姜 – 1 房 24g
- 葡萄 – 14 粒 80g

作り方:

- 全ての材料を水洗いします。
- それぞれからよく果汁を絞り、新鮮なジュースをすぐいただきます。

総カロリー: 130

ビタミン: ビタミン A 108µg, ビタミン C 98mg, ビタミン B-6 0.429mg, ビタミン E 0.64mg, ビタミン K 74.3µg, ナイアシン 1.202mg, カルシウム 142mg

ミネラル: 銅 0.211mg, マグネシウム 54mg, リン 107mg, セレニウム 1.2µg, 亜鉛 0.4mg

9. クーラージュース

現代のライフスタイルの食生活において、私たちは間違えた選択をしかねません。このジュースは、用意するのに数分しかかからず、1日をヘルシーな始まりにしてくれます。桃はカロリーが低く、低カロリーダイエットに最適です。バジルシードは食物繊維の宝庫で、減量にも効果があると評判です。

- **バジル**: 炎症や腫れを抑えます。
- **人参**: 有効な消毒効果があります。
- **桃**: 癌のリスクを下げます。
- **リンゴ**: 酸化ストレスから神経細胞を守ります。

材料:

- 生のバジル-葉3枚 1.5g
- **人参** – 中14本 854g
- 桃 – 中5個 750g
- リンゴ –中1個 180 g

作り方：

- 全ての材料を水洗いします。
- それぞれからよく果汁を絞り、新鮮なジュースをすぐいただきます。

総カロリー: 352

ビタミン: ビタミン A 4079µg, ビタミン C 75mg, カルシウム 208mg, ビタミン B-6 0.911mg, ビタミン E 5.83mg, ビタミン K 76.9µg, コリン 56.2mg

ミネラル: 銅 0.621mg, マグネシウム 102mg, リン 290mg, セレニウム 1.1µg, 亜鉛 2.25mg

10. フルーツエクスプレスジュース

このジュースは体重を何パウンド、何キロも落とし、あなたのエネルギーを増やしてくれます。このレシピの材料は、消化を助け、消化液の分泌をかきたて、コレステロールを下げます。1日に2個のリンゴを食べると、17%も越す手ロール値を下げることになります。栄養素が高く、摂取カロリーも低いことを忘れないでいましょう。よって、食事と同じ効果を得ながら、少ないカロリーを摂取することとなります。減量には理想的です。

- リンゴ: 血栓症脳卒中のリスクを下げます。
- 人参: 体内をきれいにします。
- レモン: 肝臓を強化します。
- 桃: 心臓の健康をサポートします。
- バナナ: 血圧を下げます。

材料:

- リンゴ – 大1個 200g
- 人参 – 中8本 500g
- 皮なしレモン - ½個 40g

- 桃 - 大2個 300g
- 皮なしバナナ – 中1本 150g

作り方：

- 全ての材料を水洗いします。
- それぞれからよく果汁を絞り、新鮮なジュースをすぐいただきます。

総カロリー: 410

ビタミン: ビタミンA 3128µg, ビタミンC 109.8mg, カルシウム 194mg, ビタミンB-6 0.819mg, ビタミンE 4.44mg, ビタミンK 54.3µg, コリン 55.7mg

ミネラル: 銅 0.412mg, マグネシウム 94mg, リン 206mg, セレニウム 1.2µg, 亜鉛 1.37mg

11. ゴールドジュース

ウエストラインを小さくしたいのなら、このジュースが最適です。ケールの利点の 1 つは、1 カップにつきのカロリーは低いのに、豊富な栄養素を得ることができることです。**セロリはカルシウムを豊富に含むため、緊張を緩和させる働きがあり、血圧を抑制する効果もあります。リンゴに含まれるペクチンは、コレステロール値を下げる効果があり、拠って、このジュースは体重を減らしたい人にとって、真の味方なのです。**

- **リンゴ**: 癌、糖尿病、心疾患のリスクを下げます。
- **セロリ**: ビタミン A の 1 日の必要摂取量の 10%を含みます。
- **キュウリ**:糖尿病を防ぎ、コレステロールを下げ、血圧を抑制します
- **生姜**: 胃腸障害の症状を緩和する効果があります。
- **ケール**:抗炎症性の効果があります。
- **レモン**: 免疫システムの維持の助けをします。

材料:

- リンゴ – 中 2 個　364g
- セロリ - 2 本, 128g
- キュウリ – 1 本 290g
- 生姜 - 1 房 20g
- ケール – 葉 4 枚(8-12 インチ) 120g
- レモン - 1/2 個 40g

作り方：

- 全ての材料を水洗いします。
- それぞれからよく果汁を絞り、新鮮なジュースをすぐいただきます。

総カロリー: 215

ビタミン: ビタミン B-6 0.77mg, ビタミン E 1.09mg, ナイアシン 2.637mg, チアミン 0.315mg, ビタミン K 1128.7µg

ミネラル: 銅 2.47mg, マグネシウム 119mg, リン 207mg, 亜鉛 1.65mg

12. エネルギー ジュース

もし、食生活や減量の助けになるジュースを探しているなら、このジュースを試してください。ビートは血液だけでなく、肝臓もきれいにし、それによって脂肪の代謝を助け、脂肪を早く除去します。**人参**は体内から余分な水分を除去するので、特に女性は水分保持量が減らされます。食物繊維が豊富な為、エネルギーを得ることができ、ヘルシーな形で身体にエネルギーを供給できます。

- **ビート**: スタミナを上げることができます。
- **キャベツ**: **ビタミン K** が豊富で、精神的な機能や集中力を助けます。
- **人参**: 心疾患を防ぎます。
- **レモン**: 血液洗浄の役割をします。
- **オレンジ**: 肌を守ります。
- **パイナップル**: 喘息を防ぎます。
- **ほうれん草**: 食物繊維のポタシウムが摂れる食物の1つです。

材料:

- ビート - 1 個 155g
- 赤キャベツ -葉 2 枚 40g
- 人参 – 中 2 本 143g
- レモン - 1/2 個 40g
- オレンジ - 1 個 121g
- パイナップル - 1/3 個 206g
- ほうれん草 - 2 つかみ 50g

作り方：

- 全ての材料を水洗いします。
- それぞれからよく果汁を絞り、新鮮なジュースをすぐいただきます。

総カロリー: 195

ビタミン: ビタミン B-6 0.60mg, ビタミン E 1.58mg, ビタミン K 149.6μg, コリン 43.8mg, 葉酸 261μg, ナイアシン 2.136mg

ミネラル: 銅 0.317mg, マグネシウム 97mg, リン 131mg, セレニウム 2.1µg, 亜鉛 1.22mg

13. リフレッシュ ジュース

ビートは身体を解毒する効果があるので、このジュースは減量プログラムに最適です。**レモン ジュース**を飲むと、ストレスを減らしてくれるので、**精神的にも肉体的にもリラックスできます。**人参は白血球をより多く作る手伝いをし、それにより強い免疫システムができ、よってより強いからだをつくる結果となります。

- リンゴ: 重要な抗酸化物質が豊富に含まれます。
- ビート: 抗がん作用があります。
- 人参: ベータカロチンが豊富で、抗酸化作用により細胞のダメージを防ぎます。
- レモン: 消化液の分泌を助長します。
- オレンジ: ウィルス性感染症から守ります。

材料:

- リンゴ – 中 1 個 152g
- ビート – 1 個 165g
- 人参 – 中 10 本 560g
- レモン – ½ 個 40g

- 皮なしオレンジ– 2 個 242g

作り方：

- 全ての材料を水洗いします。
- それぞれからよく果汁を絞り、新鮮なジュースをすぐいただきます。

総カロリー: 275

ビタミン: ビタミン B-6 0.945mg, ビタミン E 4.01mg, ビタミン K 60.8µg, コリン 71.4mg, 葉酸 233µg, ナイアシン 5.101mg

ミネラル: 銅 0.40mg, マグネシウム 107mg, リン 243mg, セレニウム 2.3µg, 亜鉛 1.81mg

14. レモン 風味 ジュース

レモン ジュースを飲み物に加えることによって、体重の減少率が上がります。このジュースは減量ダイエットに最適です。レモンは高血圧を管理し、ビタミン C の宝庫です。夕食の後に飲み、運動と組み合わせるのが最適です。このジュースに含まれる全ての材料が、コレステロールを下げる効果があり、消化不良の問題を解決してくれます。

- ブルーベリー： 病気や老化の原因となる遊離基を中和させます。
- レモン: 肝臓のカルシウムと酸素のバランスをとります。
- ざくろ: 細胞を再生させます。

材料:

- ブルーベリー - 1 カップ 128g
- レモン - 1/4 個 20g
- ざくろ - 1 個　262g

作り方：

- 全ての材料を水洗いします。

- ざくろは膜が付いたまま入れると、時間も短縮でき、味も変わりません。
- それぞれからよく果汁を絞り、新鮮なジュースをすぐいただきます。

総カロリー: 168

ビタミン: ビタミン A 3μg, ビタミン C 27mg, ビタミン B-6 0.209mg, ビタミン E 1.6mg, ビタミン K 49.4μg, コリン 21mg, 葉酸 63μg

ミネラル: 銅 0.346mg, マグネシウム 28mg, リン 76mg, セレニウム 1.2μg, 亜鉛 0.57mg

15. 生命力ジュース

このジュースは、ペパーミント好きにはたまりません。生姜に含まれるスパイスが、吸収される全てのコレステロールを下げるので、生姜は LDL コレステロールを下げる効果があります。脂っこい食物やたんぱく質を消化するのにも効果があります。オレンジは、消化器官をアルカリ性に変え、消化液の分泌を促し、代謝を助長します。試してください。なかなか落ちなかったキログラムやパウンドを落とす助けになります。

- **フェンネル**: 心臓に優しい電解質のポタシウムを含んでいます。
- **生姜**: 健康によいエッセンシャルオイルを含みます。
- **レモン**: 体内の pH レベルのバランスをとり、維持します。
- **オレンジ**: 肝臓癌のリスクを減らします。
- **ペパーミント**: 前立腺がんの発展を防ぎます。

材料:

- 葉つきフェンネル-1 個 200g

- 生姜 - 1/2 房 14g
- レモン - 1/2 個 25g
- 皮なしオレンジ – 大 1 個 160g
- ペパーミント – 葉 5 枚 0.25g

作り方：

- 全ての材料を水洗いします。
- それぞれからよく果汁を絞り、新鮮なジュースをすぐいただきます。

総カロリー: 84

ビタミン: ビタミン A 14μg, ビタミン C 79.4mg, ビタミン B-6 0.144mg, 葉酸 66μg, ナイアシン 1.358mg, リボフラビン 0.101mg

ミネラル: 銅 0.173mg, マグネシウム 36mg, リン 96mg, セレニウム 2mg, 亜鉛 0.41mg

16. リンゴ ハートジュース

このジュースはより健康で、なおかつ体重を減らすのを助長します。ジュースの栄養素は、身体に簡単に吸収され、より早く代謝されます。リンゴに含まれるペクチンは、コレステロールを下げる効果があります。レモンは、体脂肪を下げるのに有効です。このジュースをあなたの減量の味方と思ってください。

- リンゴ: 乳がんを防ぎます。
- クランベリー: 心臓血管の病気のリスクを下げます。
- 生姜: 抗炎症作用があります。
- レモン: しわやにきびを防止します。

材料:

- リンゴ - 中 3 個 500g
- クランベリー - 1/2 カップ 50g
- 生姜 - 1/4 房 6g
- レモン - 1/2 個 42g

作り方：

- 全ての材料を水洗いします。
- それぞれからよく果汁を絞り、新鮮なジュースをすぐいただきます。

総カロリー: 204

ビタミン: ビタミン A 23µg, ビタミン C 101.5mg, 鉄分 0.68mg, ビタミン B-6 0.214mg, ビタミン E 1.19mg, ビタミン K 9.2µg, カルシウム 76mg

ミネラル: 銅 0.193mg, マグネシウム 35mg, リン 61mg, セレニウム 0.7µg, 亜鉛 0.25mg

17. いつでもジュース

天然ジュースを飲むと、結果として脂肪を落とすことができ、このレシピはあなたのお気に召すでしょう。生姜の大きな利点は、脂っこい食物やたんぱく質の消化に効果があることです。**ほうれん草は豊富に食物繊維が含まれているため。少ないカロリーでエネルギー源となります。**セロリは多くにマイナスカロリーの食べ物とみなされ、セロリを食生活に加えることによって、**努力をせずにやせることができ**ます。このジュースの味を試し、感じて、日々の減量の習慣の手助けとしましょう。

- **リンゴ**: 脳卒中のリスクを下げます。
- **セロリ**: 消化を助けます。
- **キュウリ**: 口臭を防ぎます。
- **生姜**: 抗菌作用をもっています。
- **レモン**: 目の健康を維持します。
- **ライム**: 減量に最適です。
- **ほうれん草**: 抗がん作用があります。

材料:

- リンゴ – 中 2 個 350g
- セロリ – 大 3 本, 182g
- キュウリ - 1 本 300g
- 生姜 - 1/2 房 10g
- 皮付きレモン- 1/2 個 41g
- 皮付きライム- 1 個 65g
- ほうれん草 - 2 カップ 50g

作り方：

- 全ての材料を水洗いします。
- それぞれからよく果汁を絞り、新鮮なジュースをすぐいただきます。

総カロリー: 185

ビタミン: ビタミン A 648μg, ビタミン C 198.9mg, カルシウム 304mg, ビタミン B-6 0.422mg, ビタミン E 2.39mg, ビタミン K 1904.6μg, ナイアシン 2.607mg

ミネラル: 銅 0.395mg, マグネシウム 129mg, リン 201mg, セレニウム 1.9μg, 亜鉛 2.04mg

18. レモン風味リンゴ ジュース

ジュースを飲むことは、体内に濃縮した栄養を入れるのに最適の方法です。このレシピは、胃と腎臓をきれいにすることにより、消化システムの働きを良くし、健康な身体を作り上げます。このジュースは、含まれる材料のおかげでコレステロールを下げる効果もあります。スイカ ジュース は動脈血栓を防ぐと同時に、善玉コレステロールの HDL コレステロールを増加させます。このジュースは、毎日の運動前に飲むのも良いですし、素晴らしいエネルギー源となるでしょう。

- **レモン**: 消化液の分泌を促します。
- トマト: 血圧を維持します。
- スイカ: 喘息を防ぎます。
- **リンゴ**: 神経面の健康を改善します。

材料:

- **レモン** - 1/2 個 40g
- トマト – 大 1 個 171g
- スイカ – 大 1 串切り 560g

- リンゴ – 中 1 個 175g

作り方：

- 全ての材料を水洗いします。
- それぞれからよく果汁を絞り、新鮮なジュースをすぐいただきます。

総カロリー: 135

ビタミン: ビタミン A 176µg, ビタミン C 68.5mg, ビタミン B-6 0.326mg, ビタミン E 0.98mg, ビタミン K 11.5µg, カルシウム 58mg, 鉄分 1.70mg

ミネラル: 銅 0.264mg, マグネシウム 57mg, リン 69mg, セレニウム 1.6µg, 亜鉛 0.61mg

19. グリーンパワージュース

ジュースは、身体を健康にし、鍛えるのに最適です。野菜やフルーツをジュース用に潰すたびに、体内に吸収されやすい形になります。ビタミン剤や他のサプリメントよりも早く、大事な栄養素が身体に吸収されることとなります。人参は余分な水分を身体から取り除き、ビタミンAやベータカロチンのおかげで、人参は何種類かの癌のリスクを下げるといわれています。飲み物だけで、身体を守り、栄養を与えることができます。

- **リンゴ**: 悪玉コレステロール値を下げます。
- **キャベツ**: 解毒効果があります。
- **人参**: 心疾患を防ぎます。
- **生姜**: 健康によりエッセンシャルオイルを含みます。
- **ほうれん草**: 骨の健康に効果があります。

材料:

- リンゴ – 中2個 364g
- 赤キャベツ - 1/4個, 140g

- 人参 – 中 4 個 244g
- 生姜 - 1/2 房 10g
- ほうれん草 - 4 つかみ 100g

作り方：

- 全ての材料を水洗いします。
- それぞれからよく果汁を絞り、新鮮なジュースをすぐいただきます。

総カロリー: 200

ビタミン: ビタミン A 1818µg, ビタミン C 120mg, ビタミン B-6 0.73mg, ビタミン E 3.2mg, ビタミン K 404.1µg, カルシウム 198mg, ナイアシン 2.936mg

ミネラル: 銅 0.288mg, マグネシウム 111mg, リン 161mg, セレニウム 1.7µg, 亜鉛 1.15mg

20. 朝の始まり

人工食品や加工食品の代わりとなるヘルシーな食べ物がを必要とする人がたくさんいます。食べる量を制限できずに体重が増える人がたくさんいます。ほうれん草に含まれるある種のタンパク成分は、高血圧を下げるのに効果的です。リンゴ、洋ナシ、人参に含まれるペクチンはコレステロール値を下げます。生姜は血行をよくし、またこれらの食材から1日をアクティブにすごすエネルギー源となる果糖やブドウ糖がとれます。このジュースは朝や、夕食後に飲め、質のよい食材がつまったものを摂りたいときには、最適のジュースです。

- **リンゴ**: 糖尿病のリスクを下げます。
- **人参**: 健康に輝く肌を維持します。
- **キュウリ**: コレステロールを減らし、血圧をコントロールします。
- **生姜**: 腸の働きを改善します。
- **洋ナシ**: 結腸の健康に効果的です。
- **ほうれん草**: 便秘を防ぎ、健康な消化器官を助長します。

材料:

- リンゴ – 中 1 個 180g
- 人参 – 中 5 本 300g
- キュウリ - 1 本 300g
- 生姜 - 1 房 24g
- 洋ナシ – 中 1 個 165g
- ほうれん草 - 2 つかみ 50g

作り方:

- 全ての材料を水洗いします。
- それぞれからよく果汁を絞り、新鮮なジュースをすぐいただきます。

総カロリー: 211

ビタミン: ビタミン A 1863μg, ビタミン C 60.9mg, ビタミン B-6 0.545mg, ビタミン E 2.37mg, ビタミン K 220.1μg, カルシウム 151mg, 鉄分 2.8mg

ミネラル: 銅 0.408mg, マグネシウム 104mg, リン 164mg, セレニウム 1.2μg, 亜鉛 1.28mg

21. シンプルに セロリ

フルーツや野菜をジュースにすることは、果汁や栄養素を取り出す芸術のようです。何粒かの錠剤のように、エネルギーや活力を助長します。このジュースはあなたの体重を減らす速度を上げ、同時に、身体が必要とする日々のビタミンやミネラルを供給します。人間の身体の 75％は水分でできており、拠って適切な身体の機能、消化、そして解毒作用のために 1 日に必要な水分量は 2.5 リットルといわれます。体重をへらすのに、水分は大事な要素です。だから、気をつけてたくさん飲むようにしないといけません。このジュースを飲めば、身体が要求する 1 日の必要量の水分を摂取することができ、1 日を通してあなたを元気づけてくれる栄養素と食物繊維を摂ることができます。

- **リンゴ**: 糖尿病のリスクを減らします。

- **セロリ**: 炎症を減らしてくれます。

- **みかん**: 切り傷や外傷に効果があります。

材料:

- **リンゴ** – 大 2 個 440g

- **セロリ** – 大 8 本, 510g
- **皮なしみかん** - 小 1 個 76g

作り方：

- 全ての材料を水洗いします。
- それぞれからよく果汁を絞り、新鮮なジュースをすぐいただきます。

総カロリー: 180

ビタミン: ビタミン A 101µg, ビタミン C 57.2mg, カルシウム 162mg, ビタミン B-6 0.427mg, ビタミン E 1.5mg, ビタミン K 101.7µg, コリン 30mg

ミネラル: 銅 0.217mg, マグネシウム 61mg, リン 127mg, セレニウム 1.3µg, 亜鉛 0.45mg

22. エネルギーいっぱい

このジュースは、通常の身体の機能に必要なポタシウムとリンが凝縮されています。トマトジュースは抗酸化物質で、消化機能をあげます。このジュースに含まれる豊富なビタミンCは、骨の構造的完全性を維持します。たまねぎは、どのレシピに使ってもいいほど、低カロリー・高食物繊維の割合をもっているので、体脂肪を減らしたいときにはもってこいです。

- **キュウリ**:抗がん作用があります。

- **たまねぎ**:**遊離基を滅ぼします。**

- **パセリ**:免疫力を高めます。

- **ピーマン**:アレルギーを抑えます。

- **トマト**:前立腺がんのリスクを下げます。

材料:

- **キュウリ**-1本300g

- 春たまねぎ-中1個15g

- **パセリ**-1つかみ40g

- 赤ピーマン- 中 1/2 個 55g
- トマト – 小 2 個 180g

作り方:

- 全ての材料を水洗いします。
- それぞれからよく果汁を絞り、新鮮なジュースをすぐいただきます。

総カロリー: 68

ビタミン: ビタミン A 260µg, ビタミン C 126mg, カルシウム 102mg, ビタミン B-6 0.412mg, ビタミン E 2.06mg, ビタミン K 522.6µg, カルシウム 90mg

ミネラル: 銅 0.252mg, マグネシウム 71mg, リン 114mg, セレニウム 0.7µg, 亜鉛 1.12mg

23. スイート人参

"スイート人参"は、身体を健康に保つと同時に、体重を減らします。ピーマン ジュースは、コレステロールを下げるのに大きな効果を発揮します。人参は、癌のリスクを下げるベータカロチンを含んでいます。このジュースに含まれる高質のビタミンとミネラルは、あなたが体脂肪を少なくし、細くなっていく速度を速めます。

- 人参: 日々のビタミンを補給します。

- セロリ: 消化を助けます。

- キュウリ: ビタミンBの宝庫です。

- パセリ: 血液をつくります。

- ピーマン: 赤唐辛子の力で、唾液をつくります。

- トマト: トマトに含まれる葉酸は、気分の低下に効きます。

材料:

- 人参 – 大2本 144g

- セロリ – 大3本, 192g

- キュウリ - 1/2 本 150.5g

- パセリ - 2 つかみ 80g

- ピーマン – 中 1/2 個 58g

- トマト – 中 3 個 360g

作り方：

- 全ての材料を水洗いします。
- それぞれからよく果汁を絞り、新鮮なジュースをすぐいただきます。

総カロリー: 107

ビタミン: ビタミン A 1227µg, ビタミン C 142.3mg, ビタミン B-6 0.642mg, ビタミン E 3.15mg, ビタミン K 1013.3µg, カルシウム 212mg, 鉄分 5.55mg

ミネラル: 銅 0.416mg, マグネシウム 105mg, リン 200mg, セレニウム 1.1µg, 亜鉛 1.80mg

24. ライムデライト

"ライム デライト"は、天然のフルーツと野菜を1つのドリンクに組み合わせ、エネルギーに満ちた1日をスタートさせてくれます。**リンゴに含まれるペクチンは、15%もコレステロールを下げてくれます。**また、ピーマンは、トリグリセリドを下げることよって、代謝を高め、減量の際、おおきな効果を実感することができます。このジュースを飲んで1日をスタートし、1日の終わりには効果を実感して下さい。

- **リンゴ**:減量の助けになります。

- コリアンダー:数々の抗酸化物質を含みます。

- **キュウリ**:口臭を防ぎます。

- ライム:毒素を体内から排除します。

- ピーマン:歯の痛みの措置となります。

材料:

- **リンゴ** – 中2個 360g

- コリアンダー - 1つかみ 90g

- **キュウリ** - 2本 600g

- 皮つきライム - 1/2 個 30g
- ピーマン (種を除いて) – 中 1/2 個 56g

作り方：

- 全ての材料を水洗いします。
- それぞれからよく果汁を絞り、新鮮なジュースをすぐいただきます。

総カロリー: 179

ビタミン: ビタミン A 244μg, ビタミン C 79.2mg, ビタミン B-6 0.442mg, ビタミン E 2.1mg, ビタミン K 227.6μg, カルシウム 128mg, 鉄分 2.68mg

ミネラル: 銅 0.419mg, マグネシウム 80mg, リン 153mg, セレニウム 1.8μg, 亜鉛 1.25mg

25. カラフルジュース

減量は、何を食べるかとどれだけ食べるかの制御が利かない人にとっては、チャレンジとなりますが、粘り強さと真剣な考え方で、目標に到達することができます。"カラフル ジュース"は、あなたをゴールに近づけてくれます。アスパラガスは 3 グラムの食物繊維を含んでおり、消化システムをきれいにしてくれます。**セロリ**は、甘いものを食べたい衝動を抑えてくれ、高血圧も抑制します。また、身体に良いバクテリアを含み、腸に良いバクテリアの成長を促進し、消化を助けます。忘れないでおきたいのは、豊富な栄養素が、簡単に体内に吸収されることです。身体を鍛えることを真剣に考えているのなら、絶対飲むべきジュースです。

- アスパラガス:**栄養素の宝庫です。**
- 人参: ビタミン A は体内の毒素を吐き出す肝臓の助けをします。
- セロリ: カロリーが低く、減量にもってこいです。
- リンゴ: 血糖を調整します。

材料:

- アスパラガス – 中 4 本, 60g
- 人参 – 大 3 本 216g
- セロリ – 大 2 本, 128g
- リンゴ – 中 1 個 180g

作り方：

- 全ての材料を水洗いします。
- それぞれからよく果汁を絞り、新鮮なジュースをすぐいただきます。

総カロリー: 71

ビタミン: ビタミン A 1259µg, ビタミン C 14.1mg, カルシウム 87mg, 鉄分 1.40mg, ビタミン B-6 0.302mg, ビタミン E 1.55mg, ビタミン K 61.5µg

ミネラル: 銅 0.173mg, マグネシウム 31mg, リン 81mg, セレニウム 1.3µg, 亜鉛 0.61mg

26. ホリデージュース

ジュースは、フルーツや野菜を食生活に取り入れる楽しく手軽な方法です。このジュースはヘルシーで、かつ美味しいです。ケールをジュースに加える利点の1つは、野菜の中で1カップ量のカロリーは少ないのに、栄養素を豊富にとれることで、言い換えれば、より早く痩せれることです。**レモン ジュースはコレステロールを下げ、脂肪を除去します。食事の30分前にこのジュースを飲んで、最大の効果を得ましょう。**

- **リンゴ**: ペクチンを含み、LDL（悪玉）コレステロールを下げます。
- **セロリ**: 高血圧を管理する手伝いをします。
- **キュウリ**: シリカという健康な結合組織に重要な要素を含みます。
- **生姜**: 栄養素の消化を改善する効果があります。
- **ケール**: 健康な免疫システムをサポートします。
- **レモン**: 呼吸器官の問題の治療の手助けとなります。
- **オレンジ**: 白血球が炎症と闘うのを促進します。

材料:

- リンゴ - 中3個 540g

- セロリ – 大3本, 190g

- キュウリ - ½本 150.5g

- 生姜 - 1/2房 10g

- ケール – 葉4枚 140g

- レモン - 1個 50g

- 皮なし種抜きオレンジ – 大1個 180g

作り方:

- 全ての材料を水洗いします。
- それぞれからよく果汁を絞り、新鮮なジュースをすぐいただきます。

総カロリー: 295

ビタミン: ビタミン A 531μg, ビタミン C 212.8mg, カルシウム 294mg, 鉄分 2.69mg, ビタミン B-6 0.627mg, ビタミン E 1.3mg, ビタミン K 735.8μg

ミネラル: 銅 1.664mg, マグネシウム 103mg, リン 211mg, セレニウム 2.4μg, 亜鉛 1.19mg

27. ほうれん草 パワー

"ほうれん草 パワー"はスナックの代わりになり、お腹が空いた朝には朝食の 1 部にもなります。このジュースは、エネルギーと栄養素の宝庫です。強い身体を築くには、全ての身体の機能が効率よく働くことが必要です。ビートは、身体をきれいにし、脂肪を代謝します。炭水化物が豊富に含まれるため、エネルギー源になることも忘れずにいましょう。**セロリ** は**ビタミン C** や食物繊維が豊富で、これらの要素は身体に重要となります。

- **リンゴ**: 肺癌になるリスクを低くします。
- **ビート**: 白血病の治療として使われます。
- **人参**: ベータカロチンの消費は、数種の癌のリスクを低くします。
- **ほうれん草**: 乳がんの癌細胞の分裂を遅くします。

材料:

- リンゴ – 中 1 個 180g
- ビート - 1 個 175g
- 人参 – 中 8 本 480g

- ほうれん草 - 3 カップs 90g

作り方：

- 全ての材料を水洗いします。
- それぞれからよく果汁を絞り、新鮮なジュースをすぐいただきます。

総カロリー: 190

ビタミン: ビタミン A 3074µg, ビタミン C 50.5mg, カルシウム 218mg, ビタミン B-6 0.765mg, ビタミン E 3.05mg, ビタミン K 368.6µg, 鉄分 4.01mg

ミネラル: 銅 0.373mg, マグネシウム 125mg , リン 215mg, セレニウム 2.1µg, 亜鉛 1.35mg

28. 健康のサプライヤー

より健康で気分も良くいたいなら、ジャンクフードから離れないといけません。この**ジュースは、身体が必要とする栄養素を豊富に供給します**。エネルギー源として、朝にこのジュースを飲むと、1日中代謝を活発にしてくれます。ビートジュースに含まれるコリンは、消化器官全体を解毒します。1日1本の人参は、脳卒中のリスクを 68％も減らします。野菜を残そうと思うとき、再度考え直したほうがいいですね。このジュースに含まれる大量の栄養素は、1日中あなたの身体を健康な食物で元気づけてくれるでしょう。

- リンゴ: アルツハイマーの原因となる遊離基によるダメージから、脳細胞を守ります。
- ビート: 細胞を守るベタインの源となります。
- 人参: 豊富に含まれるベータカロチンが細胞をダメージから守る抗酸化物質となります。
- セロリ: 身体のアルカリ性バランスを保ちます。
- 生姜: 関節系の問題を防ぎます。
- キュウリ: 身体の水分を満たし、ビタミンを補給します。

材料:

- リンゴ – 中 2 個 360g
- ビート – 1 個 175g
- 人参 – 中 4 個 240g
- セロリ - 3 本, 192g
- 生姜 - ½房 10g
- キュウリ - 1/2 本 150g

作り方：

- 全ての材料を水洗いします。
- それぞれからよく果汁を絞り、新鮮なジュースをすぐいただきます。

総カロリー: 215

ビタミン: ビタミン A 1370µg, ビタミン C 34.2mg, ビタミン B-6 0.557mg, ビタミン E 2.04mg, ビタミン K 83.1µg, カルシウム 160mg, 鉄分 2.40mg

ミネラル: 銅 0.327mg, マグネシウム 84mg, リン 167mg, セレニウム 1.6μg, 亜鉛 1.25mg

29. グッドライフ

"グッドライフ"は、健康を保ち、減量するのに不可欠です。手軽に作れ、全ての材料が新鮮だと、最大の効果を発揮します。ビートは、身体にとって素晴らしい栄養源で、必要な食物繊維も豊富に含みます。スピルリナは、身体に必要なアミノ酸を含み、痩せようとしている人にとっては、素晴らしい栄養源となります。

- **ビート**: 肝臓をきれいにするのを助けます。

- **セロリ**: 目を守り、加齢による視力の悪化を防ぎます。

- **ほうれん草**: 豊富な鉄分は、血液をつくります。

- **スピルリナ**: スタミナと免疫を高めます。

材料:

- ビート - 1 個 175g

- セロリ – 大 2 本, 128g

- ほうれん草 - 3 カップ s 90g

- スピルリナ (乾燥) – 小さじ 1 杯 2.31g

作り方：

- 全ての材料を水洗いします。
- それぞれからよく果汁を絞り、新鮮なジュースをすぐいただきます。

総カロリー: 52

ビタミン: ビタミン A 308µg, ビタミン C 23.7mg, ビタミン B-6 0.257mg, ビタミン E 1.45mg, ビタミン K 311.1µg, カルシウム 110mg, 鉄分 3.12mg

ミネラル: 銅 0.291mg, マグネシウム 90mg, リン 100mg, セレニウム 2µg, 亜鉛 0.78m

30. ロール ザ ビート

ジュースは長い間私達の生活にあり、果物や野菜にある栄養素を吸収する最適の方法です。"ロール ザ ビート"は手軽に作れ、カロリーも少ない為、飲んですぐ素晴らしい効果が期待できます。朝に飲むのが1番効果的で、1日を元気にスタートできます。

- **ビート**: 短期間で血圧を下げます。
- **人参**: ベータカロチンの豊富な栄養源です。
- **オレンジ**: ウィルス感染と戦います。

材料:

- ビート - 1個 170g
- 人参 – 中2本 120g
- オレンジ - 2個 262g

作り方:

- 全ての材料を水洗いします。
- それぞれからよく果汁を絞り、新鮮なジュースをすぐいただきます。

総カロリー: 115

ビタミン: ビタミン A 726µg, ビタミン C 104.6mg, ビタミン B-6 0.29mg, ビタミン E 0.84mg, ビタミン K 11.1µg, カルシウム 111mg, 鉄分 1.40mg

ミネラル: 銅 0.211mg, マグネシウム 55mg, リン 102mg, セレニウム 1.7µg, 亜鉛 0.73mg

31. ライフ　パンチ

急いでいるときに、手軽さだけで、市場に出回っている缶詰や加工食品に手をだしがちです。しかし、長い目でみたとき、手軽さが必ずしもよい方法ではありません。ビタミンを豊富にとれ、簡単に摂れるヘルシーなスナックはジュースで、免疫力を高め、身体の機能が適切に効率よく働くために必要な材料が盛り込まれたのが、このジュースです。

- **ビート**:癌を防ぎます。

- **人参**:太陽から肌を守る最適の方法です。

- **セロリ**:消化を助け、減量できます。

- **生姜**: 抗炎症効果があります。

- **ライム**:身体のpHのバランスを保ちます。

- **ピーマン**:減量を助長します。

- **ほうれん草**:筋肉と神経の機能を維持します。

材料:

- **ビート** - 170g

- **人参** - 210g

- セロリ - 2 本, 125g
- 生姜 - 1 房 20g
- ライム - 1/2 個 30g
- ピーマン (ハラペーニョ) - 1 個 10g
- ほうれん草 - 2 カップ s 60g

作り方：

- 全ての材料を水洗いします。
- それぞれからよく果汁を絞り、新鮮なジュースをすぐいただきます。

総カロリー: 107

ビタミン: ビタミン A 1457µg, ビタミン C 48.4mg, ビタミン B-6 0.507mg, ビタミン E 2.49mg, ビタミン K 241.1µg, カルシウム 155mg, 鉄分 3.01mg

ミネラル: 銅 0.301mg, マグネシウム 96mg, リン 151mg, セレニウム 2µg, 亜鉛 1.21mg

32. 体重ファイター

"体重ファイター" は、毎週数回飲むだけで、体脂肪を落とそうとするあなたと一緒に脂肪と闘ってくれます。これらの果物や野菜は、葉部分や根の部分のおかげで、たくさんの栄養素を供給します。ビートの葉は、洗ってジュースに混ぜるだけで、濃縮されたビタミンを多く含みます。

- **リンゴ**:ペクチンが減量を助長します。
- **ビートの葉**:スタミナを上げ、炎症と闘います。
- **ビート**:抗がん作用があります。
- **人参**: 視力を良くし、アンチエイジングの作用があります。
- **セロリ**: 不溶性繊維に加え、水分量が高い為、消化を助長します。
- **生姜**:痛み止め効果があります。

材料:

- **リンゴ** – 大 1 個 220g
- **ビートの葉** (お好みで) - 3 枚 95g

- ビート - 1 個 175g
- 人参 – 中 4 本 240g
- セロリ –大 1 本, 60g
- 生姜 - 1/2 房 10g

作り方：

- 全ての材料を水洗いします。
- それぞれからよく果汁を絞り、新鮮なジュースをすぐいただきます。

総カロリー: 157

ビタミン: ビタミン A 1645µg, ビタミン C 45.1mg, ビタミン B-6 0.4mg, ビタミン E 2.59mg, ビタミン K 307.1µg, カルシウム 181mg, 鉄分 3.51mg

ミネラル: 銅 0.371mg, マグネシウム 109mg, リン 162mg, セレニウム 1.8µg, 亜鉛 1.21mg

33. 朝食ドリンク

朝のエネルギードリンクほど、新鮮なものはありません。毎日の日課にすることで、スタミナを上げ、1月に1回飲んでいる人より、減量のペースも幾分早くなります。このジュースに多く含まれる、繊維と栄養素のおかげです。"朝食ドリンク"は、カロリーも低く、抗炎症作用があり、自然の薬であるターメリックを含みます

- **リンゴ**: 自然の便秘薬作用があります。
- **人参**: 免疫を上げる作用があります。
- **セロリ**: 豊富な**カルシウム** を含むため、精神を落ち着かせます。
- **生姜**: LDLコレステロールを下げます。
- **レモン**: ポタシウムを含むため、病気に効果があります。
- **洋ナシ**: 高血圧を防ぐ抗酸化作用があります。
- **ターメリック**: 強力な抗炎症作用があります。

材料:

- リンゴ – 中 2 個 360g
- 人参 – 中 3 本 180g
- セロリ – 大 3 本, 190g
- 生姜 - 1 房 22g
- 皮なしレモン - 2 個 165g
- 洋ナシ – 中 2 個 355g
- ターメリック - 6 房 140g

作り方：

- 全ての材料を水洗いします。
- それぞれからよく果汁を絞り、新鮮なジュースをすぐいただきます。

総カロリー: 364

ビタミン: ビタミン A 1107μg, ビタミン C 283.1mg, ビタミン B-6 1.025mg, ビタミン E 2mg, ビタミン K 73.6μg, カルシウム 191mg, 鉄分 3.41mg

ミネラル: 銅 0.743mg, マグネシウム 115mg, リン 212mg, セレニウム 1.5μg, 亜鉛 1.35mg

34. ヘルシーに始めよう

サツマイモはポタシウムとカルシウムが豊富で、これらの栄養素は、ライフスタイルに関係なく、誰もが必要とします。"ヘルシーに始めよう"は、ビタミンとミネラルが豊富に含まれます。食前30−60分に飲み、果物と野菜からとれる栄養素を身体に吸収させましょう。

- **リンゴ**:癌のリスクを減らします。
- **ビート**:腸をきれいにし、肝臓を強くします。
- 人参:ベータカロチンが筋肉の退化を防ぎます。
- **オレンジ**: 白血球の働きを促進し、炎症と闘わせます。
- ピーマン:抗酸化と抗菌作用があります。
- サツマイモ: 免疫力を強化します。

材料:

- リンゴ(ゴールデン　デリシャス) – 中2個 360g
- ビート - 2個 160g
- 人参 – 大1本 70g

- **オレンジ** (お好みで I) - 1 個 135g
- **赤ピーマン** - 中 1 個 115g
- **サツマイモ** – 130g

作り方：

- 全ての材料を水洗いします。
- それぞれからよく果汁を絞り、新鮮なジュースをすぐいただきます。

総カロリー: 250

ビタミン: ビタミン A 1211µg, ビタミン C 177.5mg, ビタミン B-6 0.735mg, ビタミン E 2.51mg, ビタミン K 18.1µg, カルシウム 118mg, 鉄分 2.31mg

ミネラル: 銅 0.35mg, マグネシウム 85mg, リン 167mg, セレニウム 1.8µg, 亜鉛 1.15mg

35. 天然ミックス

ジュースは、常に美味しいドリンクとして知られていますが、それだけではありません。ジュースは健康の源で、適切な材料でつくれば、身体が必要とするビタミンを全て補充できます。このジュースは、減量の効果もあり、免疫システムも構築します。朝に飲むか、夜ディナーの後に飲むようにしてください。どういった素晴らしい効果があるか、みてみましょう。

- **リンゴ**: 骨の強化の為のホウ素を含みます。
- **セロリ**: 目を守り、加齢とともに悪化する視力を守る栄養素が含まれます。
- **キュウリ**: 肌の健康を改善するシリコンの栄養源です。
- **タンポポの若葉**: ストレスをなくし、癌のリスクを減らします。
- **ケール**: 少ないカロリーで、豊富な栄養素を供給します。
- **レモン**: 減量を促進します。

材料:

- リンゴ – 中 2 個 360g
- セロリ – 中 2 本, 80g
- キュウリ - 1/2 本 150g
- タンポポの若葉 - 1 カップ, みじん切り 55g
- ケール - 3 枚 105g
- レモン - 1/2 個 42g

作り方：

- 全ての材料を水洗いします。
- それぞれからよく果汁を絞り、新鮮なジュースをすぐいただきます。

総カロリー: 165

ビタミン: ビタミン A 581μg, ビタミン C 133.2mg, ビタミン B-6 0.504mg, ビタミン E 2mg, ビタミン K 854μg, カルシウム 238mg, 鉄分 3.13mg

ミネラル: 銅 1.29mg, マグネシウム 81mg, リン 163mg, セレニウム 1.4μg, 亜鉛 0.95mg

36. サプライズジュース

カロリーが少なく、栄養素が早く身体に吸収されるため、ジュースは減量に欠かせないものです。食前30−60分に飲んで、1週間で効果が実感できるでしょう。あなたの健康を改善してくれるその他の効果は以下のようになります。

- リンゴ: 脳細胞を 遊離基 によるダメージから防ぎます。

- 人参: ベータカロチンを摂ることは、癌のリスクを下げるのと関係があるとされます。

- コリアンダー: 細胞膜にあるダメージをうけた脂肪の量を減らします。

- コラード グリーン: 抗がん作用のある栄養素が豊富に含まれます。

- ケール: 健康な免疫システムをサポートするスルフォラファンが含まれます。

- ピーマン: 抗酸化作用があり、体内の遊離基 を中性化します。

材料:

体重を減らすジュースレシピ 50

- リンゴ – 中 1 個 180g
- 人参 - 中 3 本 180g
- コリアンダー - 1 つかみ 35g
- コラード グリーン - 1 カップ, みじん切り 35g
- ケール - 4 枚 (8-12 インチ) 140g
- 赤ピーマン - 中 1 個 115g

作り方：

- 全ての材料を水洗いします。
- それぞれからよく果汁を絞り、新鮮なジュースをすぐいただきます。

総カロリー: 158

ビタミン: ビタミン A 1832µg, ビタミン C 252.1mg, ビタミン B-6 0.812mg, ビタミン E 3.52mg, ビタミン K 898.1µg, カルシウム 275mg, 鉄分 2.86mg

ミネラル: 銅 1.61mg, マグネシウム 90mg, リン 187mg, セレニウム 1.6µg, 亜鉛 1.28mg

37.　ブロッコリー コンボ

"ブロッコリー コンボ" は、手軽に作れ、朝に飲んで1日中持続するエネルギーを感じてください。もしこのジュースを 1 日おきに飲めば、更に効果が期待できるでしょう。免疫システムを強化するビタミン C が高い確率で含まれ、病気と闘う強さを与えてくれます。

- ブロッコリー：エネルギーレベルを高く保つのに重要な、鉄分が含まれます。
- キャベツ：体内を解毒し、血圧が高くなるのを防ぎます。
- ケール：インスリンの適切な機能の助けをし、血糖を調整します。

材料:

- ブロッコリー - 1 房 150g
- キャベツ – 中 1/2 個, 450g
- ケール - 4 枚 (8-12 インチ) 140g

作り方：

- 全ての材料を水洗いします。
- それぞれからよく果汁を絞り、新鮮なジュースをすぐいただきます。

総カロリー: 117

ビタミン: ビタミン A 536µg, ビタミン C 328.1mg, ビタミン B-6 0.841mg, ビタミン E 1mg, ビタミン K 1038.6µg, カルシウム 321mg, 鉄分 3.68mg

ミネラル: 銅 1.571mg, マグネシウム 102mg, リン 241mg, セレニウム 4.3µg, 亜鉛 1.41mg

38. トロピカル　ジンジャー

ヘルシーな食生活と減量を計画しているなら、このジュースはメニューにのせるべきです。"トロピカルジンジャー"は、身体によいビタミンや栄養素が豊富なだけでなく、1日中持続できるエネルギーを供給します。このレシピには下記にリストした材料が必要となり、是非、夜に飲んでください。

- **生姜**: 悪性腫瘍の成長を防ぎ、熱を下げます。
- **ケール**: 癌と闘う有機硫黄物質が豊富に含まれます。
- **マンゴー**: たんぱく質を分解する酵素を含みます。
- **オレンジ**: 高血圧を下げるヘスペリジンを含みます。
- **パイナップル**: 加齢による筋肉の劣化のリスクを減らします。

材料:

- **生姜** - 1/2 房　10g
- **ケール** - 4 枚 (8-12 インチ) 140g

- マンゴー - 1 個 335g
- オレンジ – 小 1 個 95g
- パイナップル - 1 カップ, 細切れ 165g

作り方:

- 全ての材料を水洗いします。
- それぞれからよく果汁を絞り、新鮮なジュースをすぐいただきます。

総カロリー: 231

ビタミン: ビタミン A 625µg, ビタミン C 294.2mg, ビタミン B-6 0.725mg, ビタミン E 2.24mg, ビタミン K 701.2µg, カルシウム 215mg, 鉄分 2.25mg

ミネラル: 銅 1.904mg, マグネシウム 93mg, リン 143mg, セレニウム 2.5µg, 亜鉛 0.95mg

39. レモンの王様

身体が必要とする、ミネラルやビタミンなどの重要な栄養素を得ながら、痩せれる、ヘルシーで現代の方法がジュースです。朝や日中のスナックに代わってこのジュースを飲むとベストです。毎日このジュースを飲むと、身体だけでなく精神への効果も実感できるでしょう。

- **リンゴ**: コレステロールを下げ、糖尿病のリスクを下げます。

- **セロリ**: 体内のアルカリ性のバランスを保ちます。

- **ケール**: 健康な免疫システムを助け、抗がん作用もあります。

- **レモン**: 肌のトラブルを防ぎます。

- **ほうれん草**: 血圧を下げ、蓄積した水分を除くことで、体内のシステムを清浄します。

材料:

- リンゴ(グラニースミス) – 中 4 個 725g

- セロリ – 大 3 本, 190g

- ケール - 2 枚 (8-12 インチ) 70g

- 皮なしレモン - 1 個 58g
- ほうれん草 - 4 カップ 120g

作り方：

- 全ての材料を水洗いします。
- それぞれからよく果汁を絞り、新鮮なジュースをすぐいただきます。

総カロリー: 254

ビタミン: ビタミン A 679μg, ビタミン C 131.4mg, ビタミン B-6 0.627mg, ビタミン E 3.03mg, ビタミン K 801.2μg, カルシウム 251mg, 鉄分 4.11mg

ミネラル: 銅 1.041mg, マグネシウム 131mg, リン 180mg, セレニウム 2μg, 亜鉛 1.10mg

40. 大きなミックスジュース

減量と体脂肪を落とすのに良い方法の 1 つは、この美味しいジュースで 1 日を始めることです。ピーマンは、体内に蓄積されたトリグリセリドを低め、代謝を上げることで、カロリー燃焼を効率的にします。このジュースのそのほかの効果を紹介しましょう。:

- **赤唐辛子** : 痛みの信号をとめるため、一定の度合いまで痛み止めとして作用します。

- **セロリ**:高血圧を下げます。

- **コリアンダー**: カロリーは低く、コレステロールを含みません。

- **にんにく** : トリグリセリドを減らし、動脈血栓の蓄積を減らします。

- **たまねぎ**:何世紀にもわたり,たまねぎは炎症の減少や、感染を治すのに使われてきました。

- **トマト** : 抗酸化の物質が含まれ、消化機能を改善します。

材料:

- **赤唐辛子** (スパイス) 0.20g
- **セロリ** – 大１本, 63g
- **コリアンダー** - １つかみ 35g
- **にんにく** - １片 3g
- **新たまねぎ** – 中１個 14g
- **ピーマン** - 中１個 115g
- **ヒマラヤの塩** - １つまみ 0.2g
- **チェリートマト** - １カップ 145g

作り方：

- 全ての材料を水洗いします。
- それぞれからよく果汁を絞り、新鮮なジュースをすぐいただきます。

総カロリー: 35

ビタミン: ビタミン A 156µg, ビタミン C 91.5mg, ビタミン B-6 0.370mg, ビタミン E 1.65mg, ビタミン K 122.2µg, カルシウム 63mg, 鉄分 1.25mg

ミネラル: 銅 0.200mg, マグネシウム 33mg, リン 70mg, セレニウム 0.7μg, 亜鉛 0.52mg

41. グラニージュース

もしあなたがジュース好きなら、このレシピは最高です。このジュースは、身体の代謝を高め、減量を高めます。朝、食前の 30−60 分前、またはスナックの代わりに飲むのが良いです。このジュースはピタシウムが豊富に含まれ、ストレスの症状を回復させます。もし物事がうまくいかない日があれば、リラックスし、このジュースを飲んでみてください。そのほかの素晴らしい効果は下記のとおりです。:

- **リンゴ**: カロリーは少なく、食物繊維は豊富です。
- **人参**: 視力を改善する**ビタミン A** を豊富に含みます。
- **キュウリ**: 口臭を防ぎ、身体に水分を補充します。
- 葡萄: 細胞が脂肪を蓄えるのを130％カットし、減量の手助けをします。
- ピーマン: 白血球の働きを促進し、炎症を防ぎ、免疫力を自然に高めます。
- **ほうれん草**: 骨関節炎のような炎症疾患に悩まされている人にとって、高アルカリ性の物質が効果を発揮します。

- トマト: 血圧を下げることで、心臓の健康を改善します。

材料:

- **青リンゴ** - 中 2 個 355g
- **人参** – 中 3 本 180g
- **キュウリ** – 1 本 300g
- **マスカット** - 15 粒 90g
- **ピーマン** – 中 1 個 115g
- **ほうれん草** - 2 カップ 60g
- **トマト** – 中 1 個 115g

作り方:

- 全ての材料を水洗いします。
- それぞれからよく果汁を絞り、新鮮なジュースをすぐいただきます。

総カロリー: 221

ビタミン: ビタミン A 1325µg, ビタミン C 114.2mg, ビタミン B-6 0.701mg, ビタミン E 2.79mg, ビタミン K 270.1µg, カルシウム 171mg, 鉄分 2.9mg

ミネラル: 銅 0.429mg, マグネシウム 112mg, リン 185mg, セレニウム 1.1mg, 亜鉛 1.31mg

42. ミネラルの泉

ライフスタイルには関係なく、豊富なミネラルやビタミンの宝庫となるヘルシーなジュースを作る時間を設けるべきです。もし、痩せたかったり、健康を改善したかったり、単に気分よくなりたい人は、天然のジュースが答えです。外見や、身体の機能、気分を改善したければ、ジュースがあなたの味方となり、結果は必ずポジティブなものです。このジュースの効果は以下にあります。

- リンゴ：1日1個のリンゴは、乳がんのリスクを16%減らします。
- ビート： 食中毒や、肝炎などの胆汁疾患や肝臓毒性に効果があります。
- 生姜：炎症を減らし、ヘルペスウィルスの複製を防ぎます。
- レモン：レモン ジュースを加えることで、減量を高めます。
- パイナップル：癌の原因となる遊離基の形成を防ぎます。

材料：

- リンゴ – 中 1 個 180g
- ビート - 1 個 80g
- 生姜 - 1 房 24g
- レモン - 1/2 個 29g
- パイナップル - 2 切れ 332g
- パンプキンパイスパイス (少々) – 小さじ 1/4 杯 0.42g

作り方：

- 全ての材料を水洗いします。
- それぞれからよく果汁を絞り、新鮮なジュースをすぐいただきます。

総カロリー: 179

ビタミン: ビタミン A 11μg, ビタミン C 121.4mg, ビタミン B-6 0.385mg, ビタミン E 0.35mg, ビタミン K 4.5μg, カルシウム 55mg, 鉄分 1.53mg

ミネラル: 銅 0.36mg, マグネシウム 56mg, リン 64mg, セレニウム 0.8μg, 亜鉛 0.60mg

43. 健康な友だち

減量効果だけでなく、身体が要する栄養素を得ることができる最適で、簡単なジュースレシピです。時間短縮にはもってこいです。不健康なスナックをこのジュースに置き換えてください。このジュースの効果は以下の通りです。：

- アスパラガス: 脂肪を減らすので知られるポタシウムを含み、ナトリウムが低く、コレステロールも低いので、減量に適しています。

- **セロリ**: 抗酸化効果があり、またサルモネラ菌に対し、抗菌作用があります。

- コリアンダー: 自然な水の清浄機で、強い骨をつくり維持するのに欠かせない栄養素を含みます。

材料:

- アスパラガス – 中 6 本, 95g
- **セロリ** – 大 3 本, 185g
- コリアンダー - 1 つかみ 32g

作り方:

- 全ての材料を水洗いします。
- それぞれからよく果汁を絞り、新鮮なジュースをすぐいただきます。

総カロリー: 20

ビタミン: ビタミン A 131µg, ビタミン C 14.2mg, ビタミン B-6 0.185mg, ビタミン E 1.63mg, ビタミン K 139.1µg, カルシウム 84mg, 鉄分 2.09mg

ミネラル: 銅 0.218mg, マグネシウム 28mg, リン 75mg, セレニウム 2.1µg, 亜鉛 0.63mg

44. スイートジュース

手軽で、全ての材料は素晴らしく、楽しみながら作れるジュースです。食前の30－60分前に飲むようにしましょう。"スイートジュース"は、減量を速めると同時に、健康状態を改善します。このレシピから得られる効果をみてみましょう。

- ビート: 食物繊維が豊富で、即席のエネルギー源となり、脂肪代謝の作用があります。

- 人参: 肝臓をきれいにし、コレステロールを下げます。

- サツマイモ: 抗炎症作用の栄養素を含みます。

材料:

- ビート - 1個 80g

- 人参 – 中3本 181g

- サツマイモ - 1/2 63g

作り方:

- 全ての材料を水洗いします。

- それぞれからよく果汁を絞り、新鮮なジュースをすぐいただきます。

総カロリー: 85

ビタミン: ビタミン A 1386µg, ビタミン C 11.2mg, ビタミン B-6 0.30mg, ビタミン E 0.92mg, ビタミン K 17.4µg, カルシウム 63mg, 鉄分 1.10mg

ミネラル: 銅 0.165mg, マグネシウム 39mg, リン 87mg, セレニウム 0.7µg, 亜鉛 0.61mg

45. ピュアなライフ

このヘルシーなジュースのレシピを生活に取り入れることで、体重を減らし、身体を強くする効果が得られます。1 日のいつでも飲んで大丈夫です；食前の 30－60 分前に飲むことを心がけて下さい。さぁ、このジュースがどれだけ素晴らしいかみてみましょう。

- 苦瓜: インスリンのような働きをする化学物質が含まれ、血糖を下げます。
- グレープフルーツ: 食欲抑制剤として働き、疲労回復作用もあります。
- レモン: 呼吸障害を治癒し、減量の手伝いをします。

材料:

- 苦瓜-1 本 120g
- グレープフルーツ –大 1/2 個 165g
- 皮つきレモン-1 個 80g

作り方:

- 全ての材料を水洗いします。
- それぞれからよく果汁を絞り、新鮮なジュースをすぐいただきます。

総カロリー: 45

ビタミン: ビタミン A 73µg, ビタミン C 142mg, ビタミン B-6 0.131mg, ビタミン E 0.23mg, 葉酸 80µg, カルシウム 45mg, 鉄分 0.81mg

ミネラル: 銅 0.102mg, マグネシウム 27mg, リン 43mg, セレニウム 0.7µg, 亜鉛 0.80mg

46. ビタミン時間

誰もが健康になりたいのですが、それに適した行動をしないといけないことを忘れがちです。**ジュース**はこの問題の最大な解決策です。1日の数分で、ビタミンとミネラルを豊富な量、摂取できます。"ビタミン時間"は、これに最適のジュースです。さぁ、みてみましょう。

- **リンゴ**: コレステロールを下げるペクチンを含みます。
- **人参**: 体内の余分な水分を除去し、脳卒中のリスクを減らします。
- **生姜**: 脂っこい食べ物の消化を助け、たんぱく質を分解し、減量の助けをします。
- **レモン**: 癌の発展を防ぎ、減量に効果があります。

材料:

- リンゴ – 中1個 180g
- 人参 – 中8本 485g
- 生姜 - 1房 22g
- レモン - 1個 82g

作り方：

- 全ての材料を水洗いします。
- それぞれからよく果汁を絞り、新鮮なジュースをすぐいただきます。

総カロリー: 165

ビタミン: ビタミン A 2851µg, ビタミン C 56mg, ビタミン B-6 0.589mg, ビタミン E 2.50mg, ビタミン K 46.8µg, カルシウム 132mg, 鉄分 1.61mg

ミネラル: 銅 0.242mg, マグネシウム 58mg, リン 145mg, セレニウム 0.6µg, 亜鉛 0.94mg

47. 美味しい ABC

エネルギーのパンチを身体に与え、集中力を維持でき、活動的な 1 日を過ごすことを可能にするこのジュースは、朝に飲むのが一番です。今述べた効果を期待している人や、脂肪を落とせるレシピを探している人は、これを試して下さい。その他にも下に述べるような効果があります。

- **リンゴ**: 免疫を高め、肝臓の解毒作用があります。
- **ビート**: 血圧を下げ、食物繊維が豊富で、細胞を守る栄養素、ベタインの宝庫です。
- **人参**: 心疾患を防ぎ、身体をきれいにします。

材料:

- リンゴ – 中 1 個 180g
- ビート - 1 個 80g
- 人参 – 大 2 本 141g

作り方:

- 全ての材料を水洗いします。
- それぞれからよく果汁を絞り、新鮮なジュースをすぐいただきます。

総カロリー: 95

ビタミン: ビタミン A 837µg. ビタミン C 13.5mg, ビタミン B-6 0.21mg, ビタミン E 0.88mg, ビタミン K 16.1µg, カルシウム 49mg, 鉄分 0.90mg

ミネラル: 銅 0.121mg, マグネシウム 31mg, リン 71mg, セレニウム 0.4µg, 亜鉛 0.47mg

48. デライト イン スリー

"デライト イン スリー" は家族皆にだすことができるシンプルな**ジュース**で、**食前 30－60 分に飲むのが良いでしょう**.。試して結果を実感しましょう；健康や外見においてポジティブな結果だけを実感できるでしょう。作り方と栄養素をみてみましょう。

- **リンゴ**: 骨密度を上げ、免疫力を高め、コレステロールを下げます。

- **ビート**: 赤血球を再生、復活させ、新鮮な酸素を体内に取り込みます。

- **サツマイモ**: エネルギーのレベル、気分、心臓、神経、肌、歯において、重要な役割を果たします。

材料:

- **リンゴ** –中 2 個 360g

- ビート- 1 個 80g

- サツマイモ- 135g

作り方:

- 全ての材料を水洗いします。
- それぞれからよく果汁を絞り、新鮮なジュースをすぐいただきます。

総カロリー: 175

ビタミン: ビタミン A 643μg, ビタミン C 16.5mg, ビタミン B-6 0.331mg, ビタミン E 0.71mg, ビタミン K 7.3μg, カルシウム 51mg, 鉄分 1.31mg

ミネラル: 銅 0.247mg, マグネシウム 48mg, リン 92mg, セレニウム 0.8μg, 亜鉛 0.56mg

49. 夜の味

減量に言い訳はいりません。"夜の味"は、効果に適した素晴らしいジュースです。朝に飲んで、1日中効果を実感してきて下さい。5分以内に作れ、たった5分で素晴らしい結果が得られます！何があなたを待ち受けているか確認してみて下さい。

- ビート:
- 人参:
- セロリ:
- キュウリ:
- 洋ナシ:
- 生姜:

材料:

- ビート - 1個 80g
- 人参 – 大3本 215g
- セロリ – 大4本, 255g
- キュウリ - 1/2本 150g

- **生姜** - 1/2 房 11g
- **洋ナシ** (ボスク) – 中 1 個 174g

作り方：

- 全ての材料を水洗いします。
- それぞれからよく果汁を絞り、新鮮なジュースをすぐいただきます。

総カロリー: 147

ビタミン: ビタミン A 1304µg, ビタミン C 25mg, ビタミン B-6 0.462mg, ビタミン E 1.66mg, ビタミン K 1.82mg, カルシウム 158mg, 鉄分 1.73mg

ミネラル: 銅 0.334mg, マグネシウム 75mg, リン 161mg, セレニウム 1.7µg, 亜鉛 1.15mg

50. 野菜時間

このジュース は試すべきです。あなたがダイエット中や、ヘルシーな身体になりたいなら、このジュースは助けになります。手軽につくれ、朝にエクストラのスナックとして飲むべきです。材料は豊富に重要な栄養素を含んでおり、カロリーは低く、あなたの目標到達への成果を早めます。 どんな効果が得られるか是非試して下さい。

- ビート: 炎症と闘い、血圧を下げます。

- 人参: 癌のリスクを下げるベータカロチンの宝庫です。

- セロリ: コレステロールを下げ、アルカリのバランスを制御します。

- パセリ:血液をきれいにし、つくります。

- ピーマン:抗菌と抗酸化作用を持ちます。

- ラディッシュ: カロリーを少なく、お腹を満たすのに最適です。

- トマト: トマトに含まれる食物繊維、ポタシウム、ビタミン C、コリンは心臓の健康をサポートします。

材料:

- **ビート** - 1 個 81g
- **人参** – 中 2 本 121g
- **セロリ** –大 2 本, 125g
- **パセリ** - 4 つかみ 160g
- **ピーマン (ハラペーニョ)** (種と内皮を除いたもの) - 1 個 13g
- **ラディッシュ** – 中 12 個 50g
- **プラムトマト** - 4 個 246g

作り方:

- 全ての材料を水洗いします。
- それぞれからよく果汁を絞り、新鮮なジュースをすぐいただきます。

総カロリー: 100

ビタミン: ビタミン A 1273µg, ビタミン C 200.4mg, ビタミン B-6 0.51mg, ビタミン E 2.92mg, ビタミン K 1890.3µg, カルシウム 254mg, 鉄分 8.45mg

ミネラル: 銅 0.403mg, マグネシウム 113mg, リン 190mg, セレニウム 1.1µg, 亜鉛 2.11mg

著者によるその他の作品

究極の体づくり：

薬やシェイクなしで、プロのボディビルダーやコーチの間で利用されている、体調・栄養・精神的な強さを、向上させるための効果的な秘密とコツを学びます

癌予防、癌と闘うジュースレシピ 55: 免疫力を高め、消化を良くし、より健康になる方法

www.ingramcontent.com/pod-product-compliance
Lightning Source LLC
Chambersburg PA
CBHW070150080526
44586CB00015B/1928